本丛书编委会◎编

脑筋急转弯

NAOJIN JIZHUANWAN

BENCONGSHU BIANWEIHUI BIAN

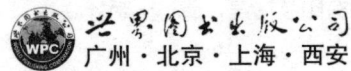

世界图书出版公司

广州·北京·上海·西安

图书在版编目（CIP）数据

脑筋急转弯/《青少年必读丛书》编委会编. —广州：
广东世界图书出版公司，2009.10（2024.2 重印）
（青少年必读丛书）
ISBN 978－7－5100－1061－3

Ⅰ. 脑… Ⅱ. 青… Ⅲ. 智力游戏—青少年读物 Ⅳ.
G898.2

中国版本图书馆 CIP 数据核字（2009）第 170038 号

书　　名	脑筋急转弯	
	NAOJIN JIZHUANWAN	
编　　者	《青少年必读丛书》编委会	
责任编辑	程　静	
装帧设计	三棵树设计工作组	
出版发行	世界图书出版有限公司　世界图书出版广东有限公司	
地　　址	广州市海珠区新港西路大江冲 25 号	
邮　　编	510300	
电　　话	020-84452179	
网　　址	http://www.gdst.com.cn	
邮　　箱	wpc_gdst@163.com	
经　　销	新华书店	
印　　刷	唐山富达印务有限公司	
开　　本	787mm×1092mm　1/16	
印　　张	13	
字　　数	160 千字	
版　　次	2009 年 10 月第 1 版　2024 年 2 月第 10 次印刷	
国际书号	ISBN　978-7-5100-1061-3	
定　　价	49.80 元	

对于广大少年朋友而言，思维和智力的训练方法林林总总，增长知识的书籍也多种多样。可以通过读文学历史书籍积累人文知识；读古今中外的文学名著来分辨人间的真善美和假丑恶；读科幻小说获得天马行空的想像力；也可以读一些幽默诙谐的笑话杂文、名人轶事来缓解紧绷的神经……

脑筋急转弯是近年才兴起的一种训练思维能力和反应能力的智力游戏，它和传统的谜语有本质的区别，传统的谜语形式固定，划分具体，虽有助于训练思维，但有一定的局限性，将我们的想像力局限在一个特定的框框内，难以突破。

而脑筋急转弯，它形式多样，不拘一格，没有思考范围的限定，答题者可以尽情发挥思维能力，从各个不同的角度来思考猜测。脑筋急转弯往往以"奇"为宗旨，出题者在设计时往往尽量避开大众惯常的思维模式，集逆向思维、发散思维、扩展思维等异向思维于一体，答题者绞尽脑汁，难解其意，待到得知正确答案时，定会豁然开朗，拍案叫绝。这正是脑筋急转弯的绝妙之处，一道看似寻常的题目，却深藏着智趣和机妙。

多答脑筋急转弯不仅仅有助于思维的训练和提升，更有助于想像能力的培养，还有助于养成从多个角度思考问题的习惯，使大家走出常规思维，敢于突破、敢于标新立异，不拘一格。这也正是我们编写这套丛书的目的。

这本脑筋急转弯是我们从数以万计的题目中精挑细选出来的，在挑选过程中我们尽量选取符合广大少年朋友的思维能力，又有益于思维锻炼的题目。希望广大少年读者细细品味，能够体味到其中的奥妙之处。

编　者

脑筋转转转

什么样的轮子只旋转不前进？

原来如此

风 车！

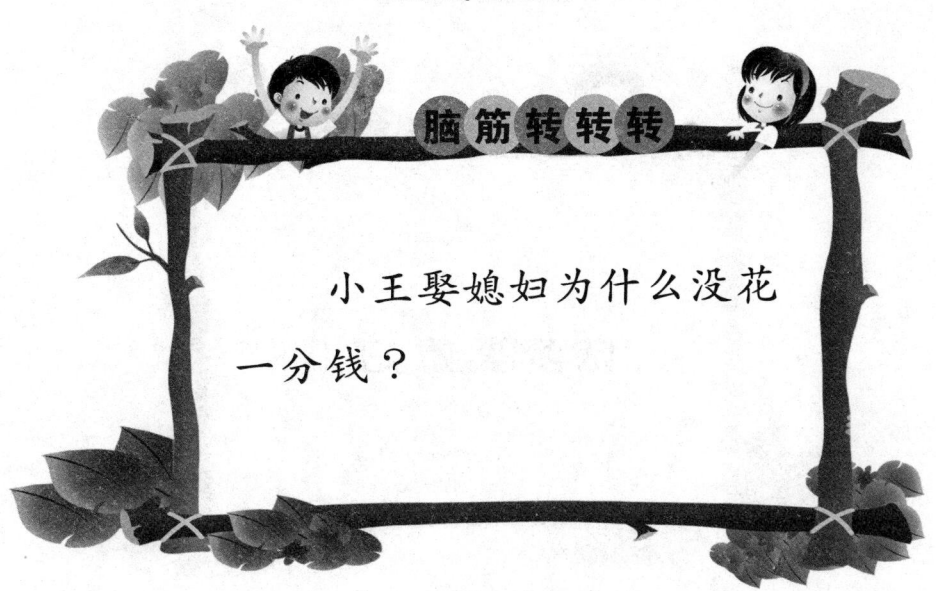

脑筋转转转

小王娶媳妇为什么没花一分钱？

原来如此

做梦娶媳妇！

脑筋转转转

什么东西是大力士永远都无法举起的？

原来如此

他自己。

脑筋转转转

神童们都是凭什么考进名校的？

原来如此

凭手和脑。

脑筋转转转

什么蛋人们一定要保护好？

原 来 如 此

脸　蛋。

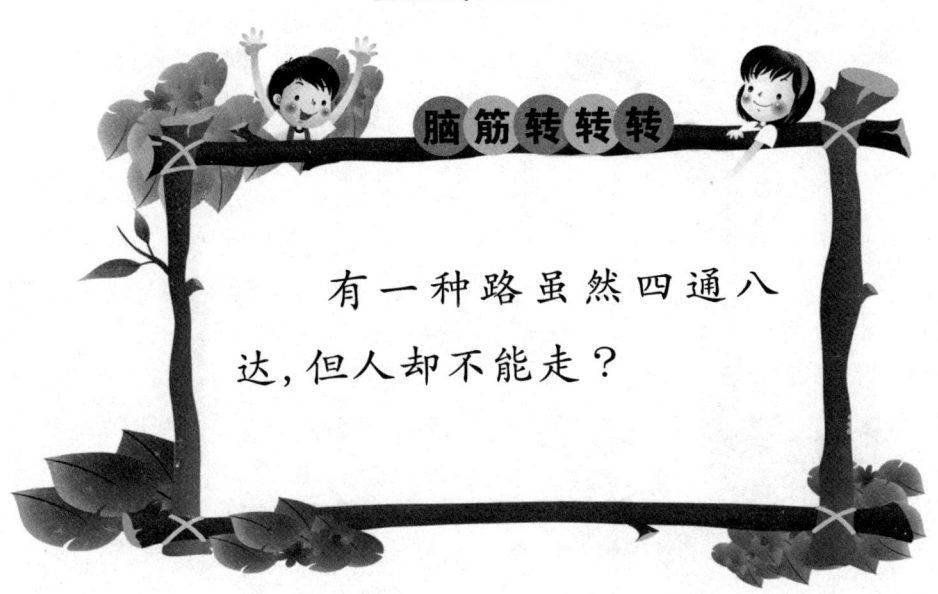

脑筋转转转

有一种路虽然四通八达,但人却不能走?

原来如此

电 路！

脑筋转转转

什么东西不停地吃，却永远吃不饱？

原来如此

空　气！

脑筋转转转

什么人一年只上一天班，而且永远不担心会被炒鱿鱼？

原来如此

圣诞老人。

脑筋转转转

什么人是人们说时很崇拜，但却不想见的人？

最不想见她！

上 帝！

脑筋转转转

什么东西能把高山与大海连起来？

原来如此

江 河。

脑筋转转转

什么东西能瞒天过海？

原来如此

潜水艇。

脑筋转转转

一个人上了手术台是什么心情？

原来如此

任人宰割！

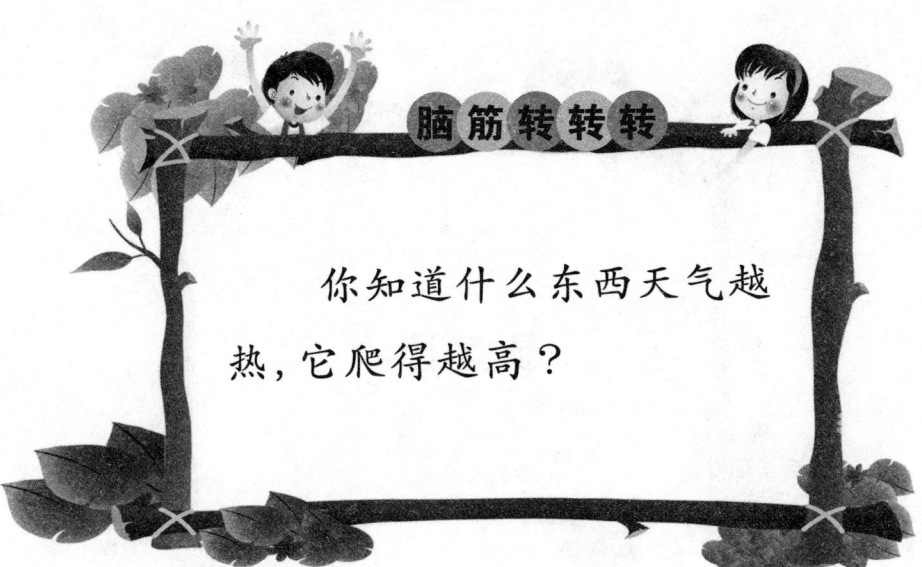

脑筋转转转

你知道什么东西天气越热，它爬得越高？

原来如此

温度计！

脑筋转转转

小明坐在椅座上睡着了，醒来却不知道自己在哪儿，为什么？

原来如此

睡过站了。

脑筋转转转

什么人爱在考场上东张西望？

原来如此

监考老师。

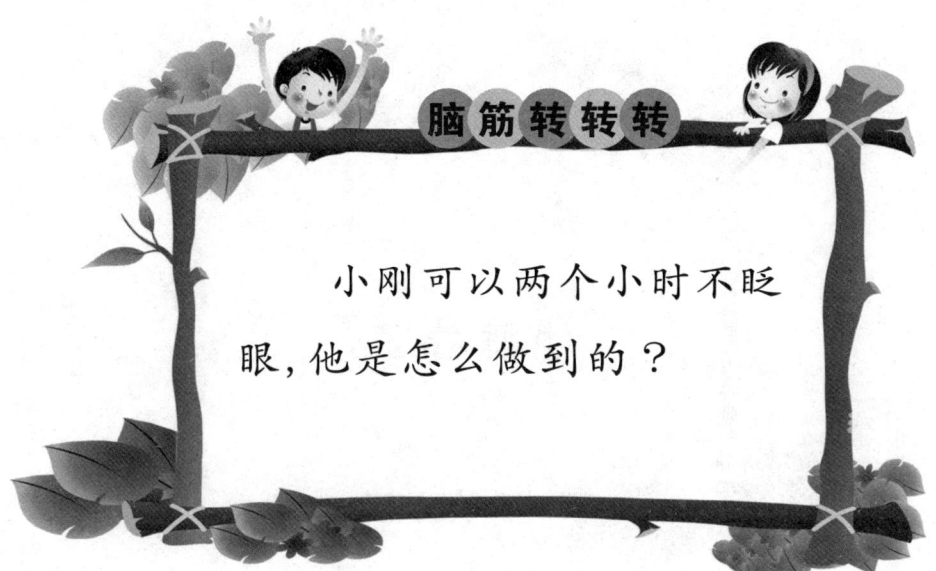

脑筋转转转

小刚可以两个小时不眨眼,他是怎么做到的?

原来如此

他睡着了。

脑筋转转转

有的人被人叫做鬼还高兴，为什么？

原来如此

因为他是被别人
叫做"机灵鬼"。

听说他是第一名啊!

哇!

听说他特别聪明!

他真是个机灵鬼!!

脑筋转转转

什么人可以享受免费旅游？

原 来 如 此

胎 儿 !

脑筋转转转

什么东西一干活就遍地走，不干活就靠边站？

原来如此

扫　帚。

扫把？？

脑筋转转转

干什么工作的人最爱明知故问？

原来如此

教师。教师经常
要出题考学生。

脑筋转转转

向别人道歉前要先做什么？

原来如此

先做别人不喜欢你做的事。

脑筋转转转

牵着羊进照相馆的人想做什么？

原来如此

出洋（羊）相。

脑筋转转转

发现新大陆的哥伦布在一只脚踏上岸后，第二步他将做什么？

原来如此

踏出另一只脚。

脑筋转转转

打什么东西的时候，你会身不由己？

原来如此

打哈欠！

脑筋转转转

要使水成为冰，最快的做法是什么？

原来如此

在"水"字的左边加两点成为"冰"。

脑筋转转转

生平最怕狗的小雅在过独木桥时遇到一只凶恶的大狗，她该怎么过去？

过来了！！

原来如此

晕过去。

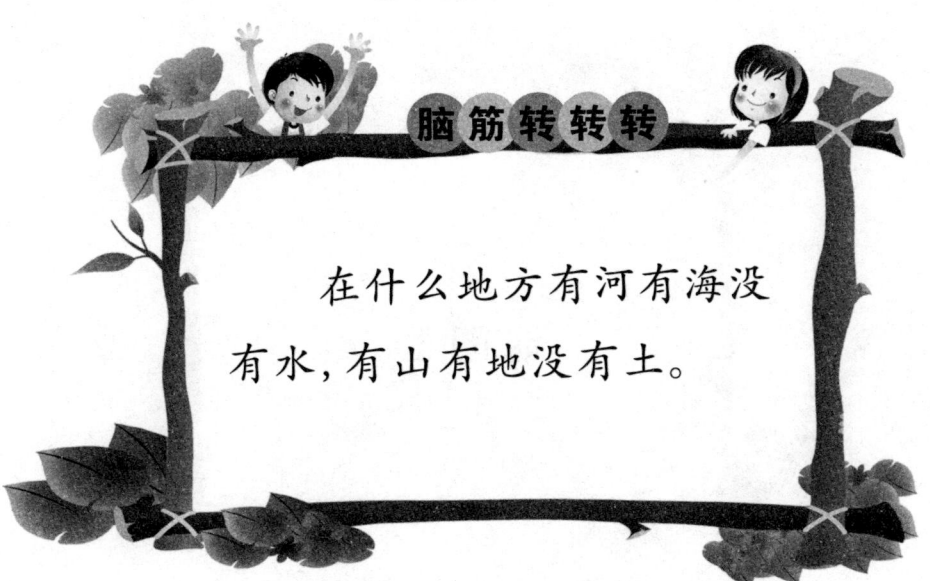

脑筋转转转

在什么地方有河有海没有水，有山有地没有土。

在哪里

？？？

原来如此

地图上。

脑筋转转转

小波比一举一动都离不开绳子，为什么？

绳子？！

原来如此

小波比是木偶！

脑筋转转转

什么鞋穿起来不好走路,也有人穿?

原来如此

蛙鞋，滑冰鞋。

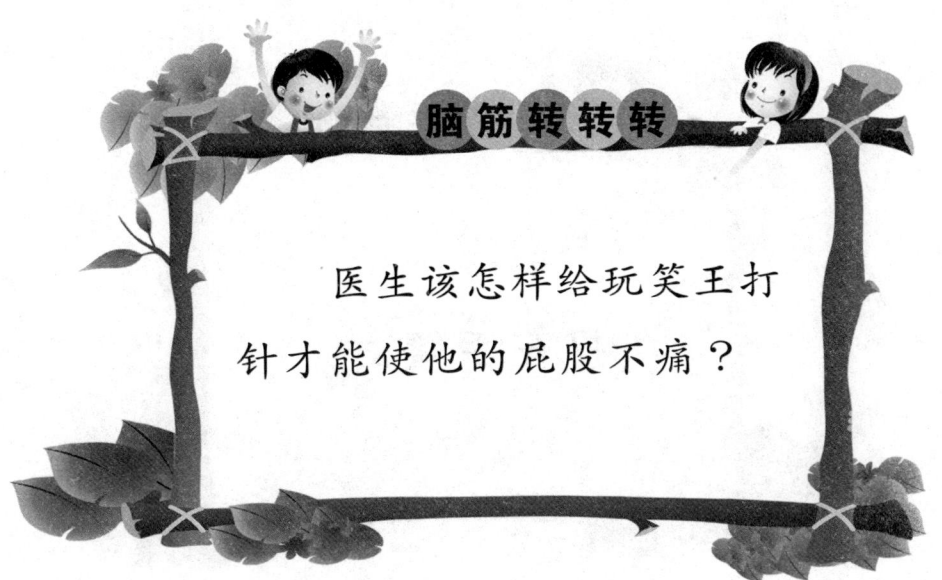

脑筋转转转

医生该怎样给玩笑王打针才能使他的屁股不痛？

原来如此

打在手臂上。

脑筋转转转

用刀在一块木板上刻字,要使这些字消失,最省力的办法是什么?

原来如此

用火把木板烧掉。

脑筋转转转

小明的爸爸是个好厂长，可大家却说他永远当不上正厂长，为什么？

原来如此

tā xìng fù
他姓付！

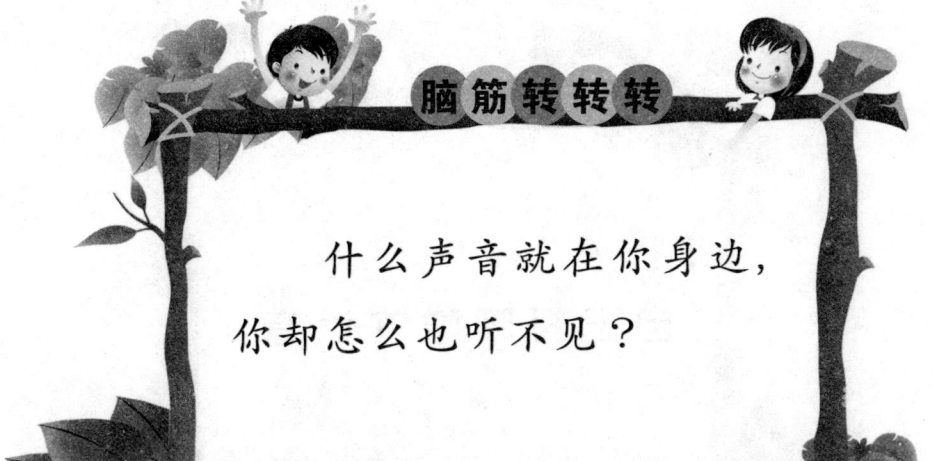

脑筋转转转

什么声音就在你身边，
你却怎么也听不见？

原来如此

自己打呼噜的声音。

脑筋转转转

萍萍买了十条红金鱼放在鱼缸里，十分钟内鱼全死了，为什么？

原 来 如 此

鱼缸里没放水！

脑筋转转转

圆圆和小猫正玩得高兴，小猫却突然越来越小了，为什么？

原来如此

因为小猫跑远了。

脑筋转转转

小明的妈妈生了三个孩子，老大叫大毛，老二叫二毛，老三叫什么？

脑筋转转转

上课的时候，王老师用粉笔画了一个人，你知道他是从哪里开始画的吗？

从哪开始

原来如此

黑　板。

脑筋转转转

铁棒磨成针除了比喻有恒心肯努力，做任何事都能成功外，还说明了什么？

原来如此

大材小用。

脑筋转转转

为什么人们要去市场买猪肉？

原来如此

因为猪不会自己
上人们家里。

脑筋转转转

小光在考试中全部答对，为什么没得满分？

原来如此

因为考的是"是非题"。

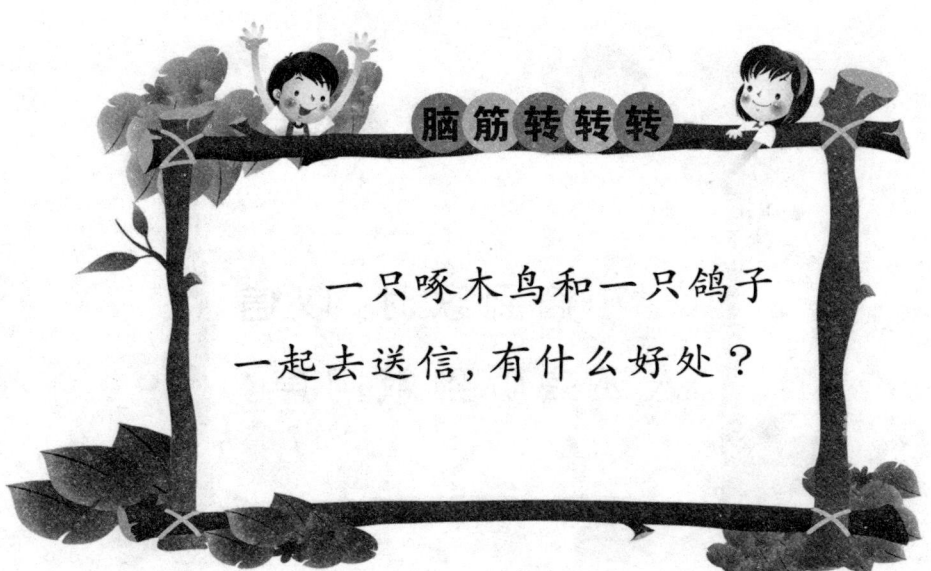

脑筋转转转

一只啄木鸟和一只鸽子一起去送信，有什么好处？

原来如此

信到家时，收信人还会听到敲门声。

脑筋转转转

什么东西破裂了人们最伤心？

原来如此

感　情。

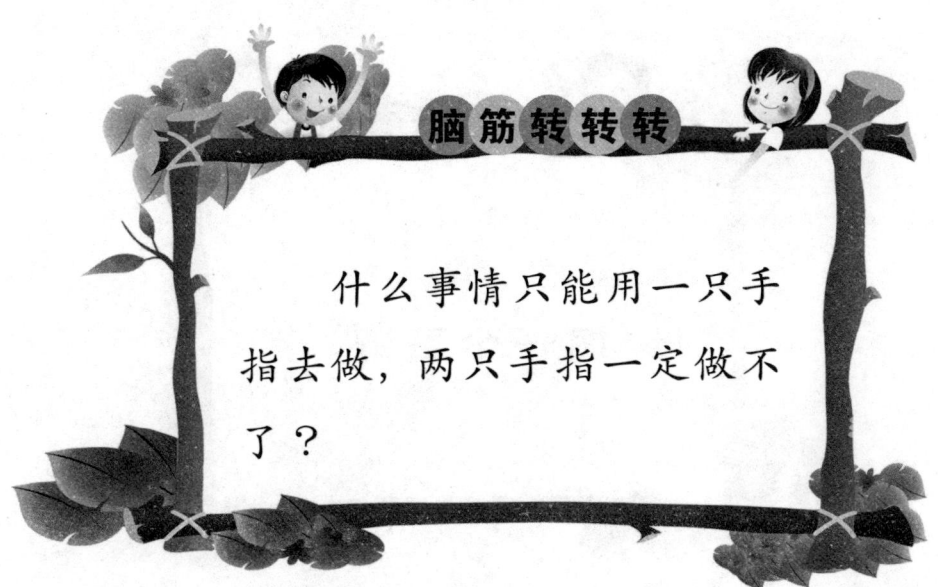

脑筋转转转

什么事情只能用一只手指去做，两只手指一定做不了？

原来如此

掏一个耳洞。

脑筋转转转

人在什么情况下争先恐后最光荣？

原来如此

在战场上冲锋的时候。

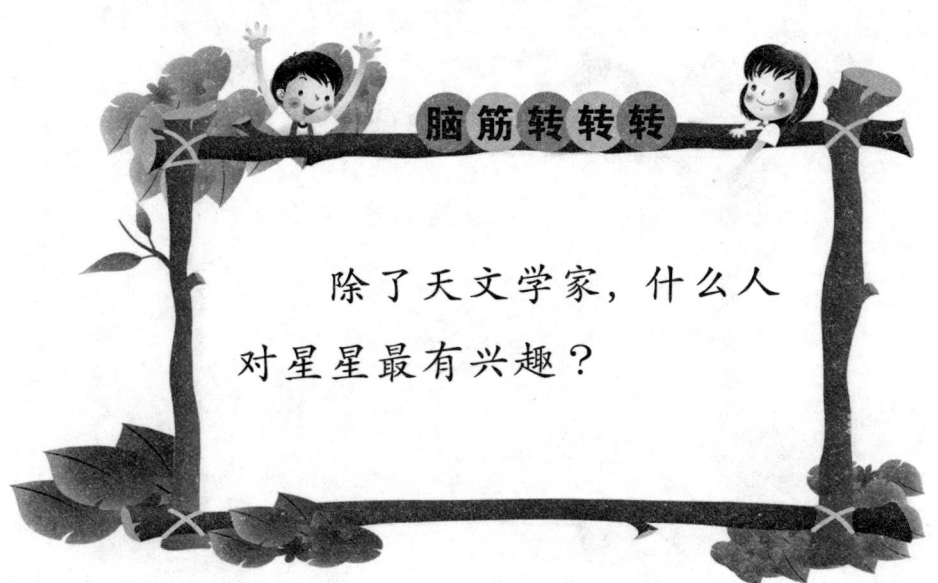

脑筋转转转

除了天文学家，什么人对星星最有兴趣？

原来如此

追星族。

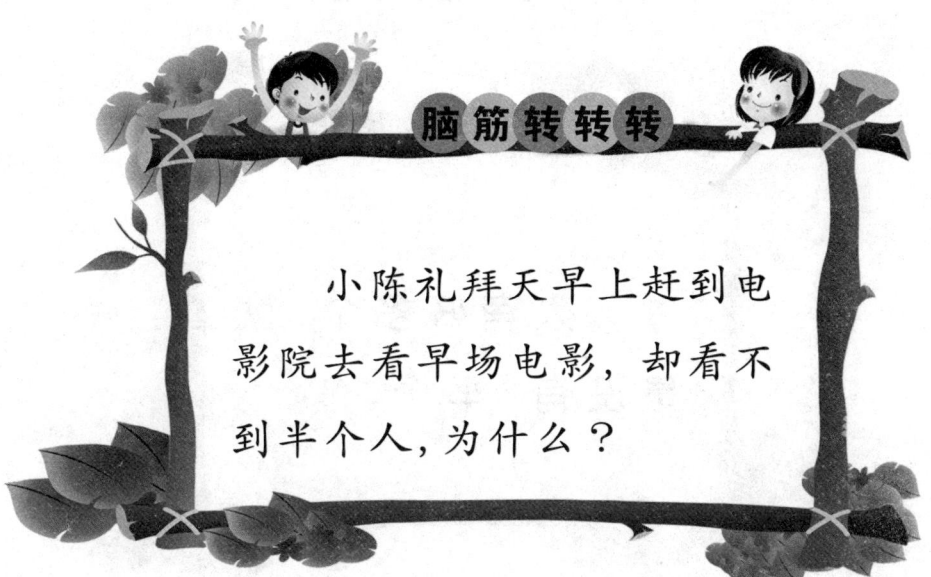

脑筋转转转

小陈礼拜天早上赶到电影院去看早场电影，却看不到半个人，为什么？

原来如此

人有好多个，就是没有"半个"！

完整的！

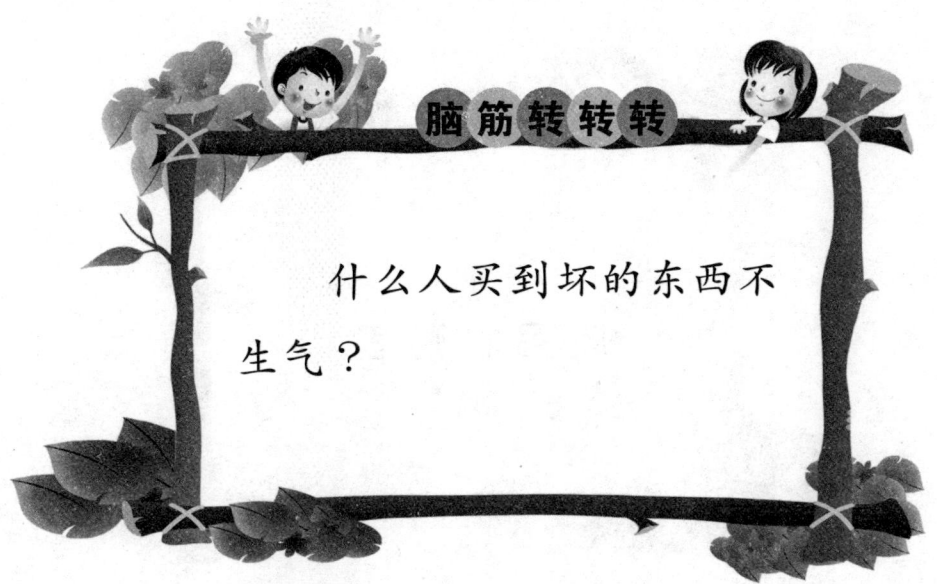

什么人买到坏的东西不生气？

原来如此

废品收购者。

什么盘总是两个人一起用？

原来如此

棋　盘。

脑筋转转转

早晨,当你向西走时,阳光是照在你的左脸还是右脸上?

原来如此

照在背后。

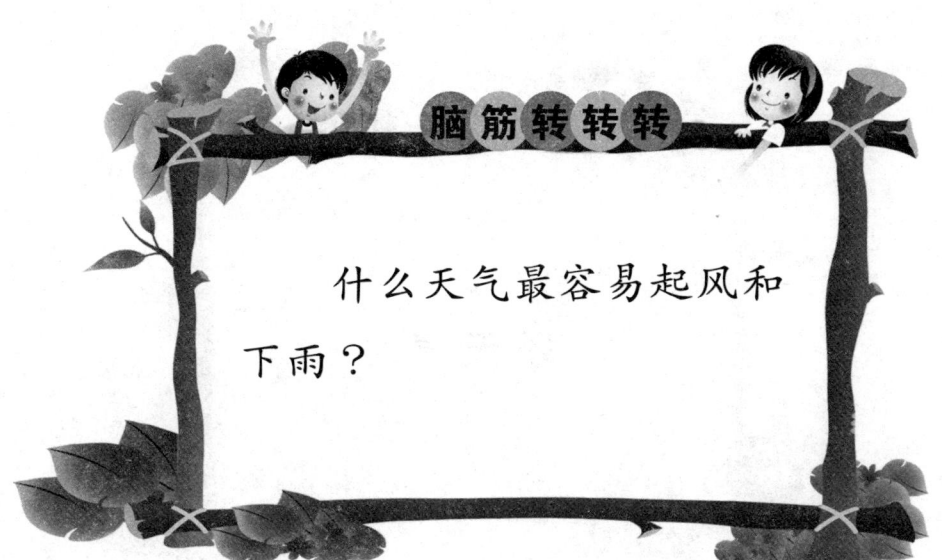

脑筋转转转

什么天气最容易起风和下雨？

阴天

原来如此

坏天气。

脑筋转转转

为什么猫总是要捉老鼠？

美味

原来如此

因为主人喜欢。

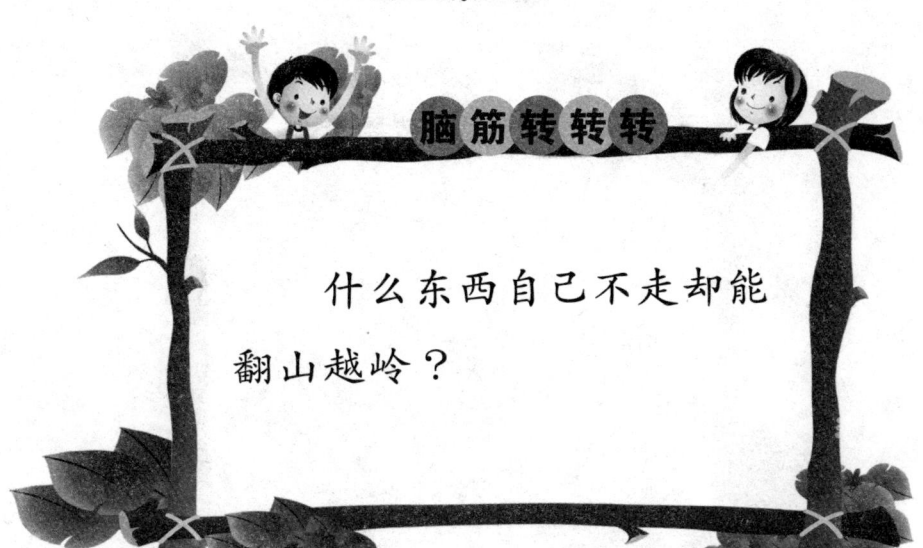

脑筋转转转

什么东西自己不走却能翻山越岭？

原来如此

路。

脑筋转转转

动物园的工作人员最怕什么动物？

原来如此

得了传染病的动物。

将来是人脑厉害还是电脑厉害？

原来如此

人脑加电脑最厉害。

脑筋转转转

没有父母的娃娃是什么娃娃？

原来如此

玩具娃娃。

脑筋转转转

什么人做假做得越好就越受人尊敬？

原来如此

魔术师。

脑筋转转转

什么人的脚印比脚小？

原来如此

穿高跟鞋的人。

脑筋转转转

小鸡和小鸭结伴去郊游，他们要翻过一道山冈，游过一条小河，它们能到达目的地吗？

原来如此

不能，小鸡不会游泳。

脑筋转转转

神童都是怎样进入名校的？

原来如此

从大门进入的。

脑筋转转转

大江是大湖的弟弟，大河是大海的哥哥，大河是大江的父亲，那么大海是大湖的什么？

原来如此

大海是大湖的叔叔。

脑筋转转转

什么事天不知道地知道，你不知道我知道？

原来如此

我的鞋底破了一个大洞。

脑筋转转转

上动下动自己不动的是什么？

原来如此

电 梯！

脑筋转转转

一本书掉在泥地上，封面被弄得很脏，怎样才能把书弄得干净呢？

撕 掉 封 面 。

什么东西浑身是胆？

原来如此

热水瓶。

脑筋转转转

聪明人比蠢人多了点什么器官？

心　眼！

脑筋转转转

医生帮病人开刀时为什么要带口罩？

原来如此

出了问题才不会
被认出来。

脑筋转转转

如果苹果落到你的头上，你将会如何呢？

原来如此

拾起来，吃掉它！

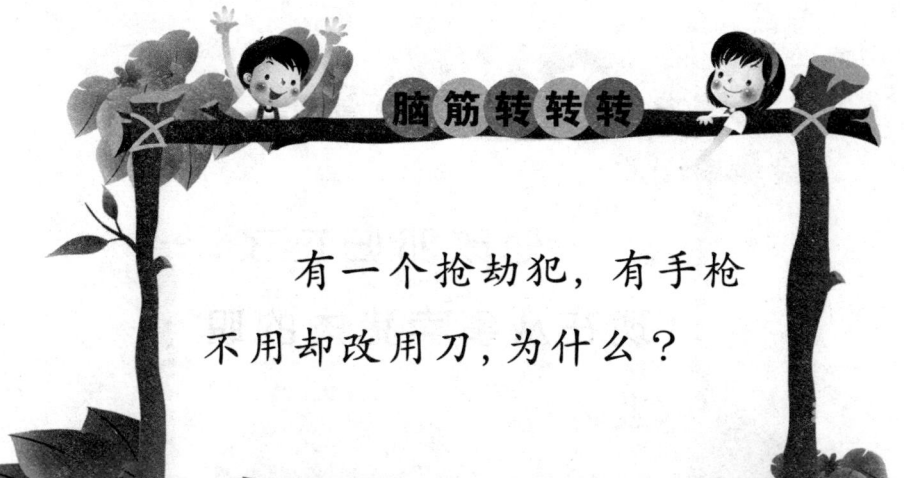

脑筋转转转

有一个抢劫犯，有手枪不用却改用刀，为什么？

原来如此

他改邪归正了，现在从事卖猪肉的职业。

脑筋转转转

什么东西可以用破洞来装水？

原来如此

海　绵。

脑筋转转转

司机最怕酒后开汽车，局长最怕开什么？

有点怕！

原来如此

开除公职！

脑筋转转转

什么情况下东西最难找？

在哪里呢！？

原来如此

迷路时，你往往找不出哪边是东，哪边是西。

脑筋转转转

穿奇装异服的人最让谁头痛？

裁　缝。

脑筋转转转

人的什么东西能减少而不能增加？

寿　命。

脑筋转转转

你的什么东西与别人分享后，你不会失去，反而会增加？

你的快乐。

脑筋转转转

消防队员不来救的火是什么火？

原来如此

炉火！

脑筋转转转

是自己的东西却一定要送给别人，不能留，这是什么？

脑筋转转转

比七级地震的破坏力还要大的是什么？

原来如此

八级地震。

脑筋转转转

鱼缸里有8条鱼,死了2条,还有几条?

当然还是8条啦。

脑筋转转转

用100减去10，最多可减多少次？

原来如此

只能减1次。因为之后的被减数已经不再是100了。

脑筋转转转

有头牛朝西走100米又左转90°，这时牛的尾巴朝向哪？

原来如此

朝向地面。

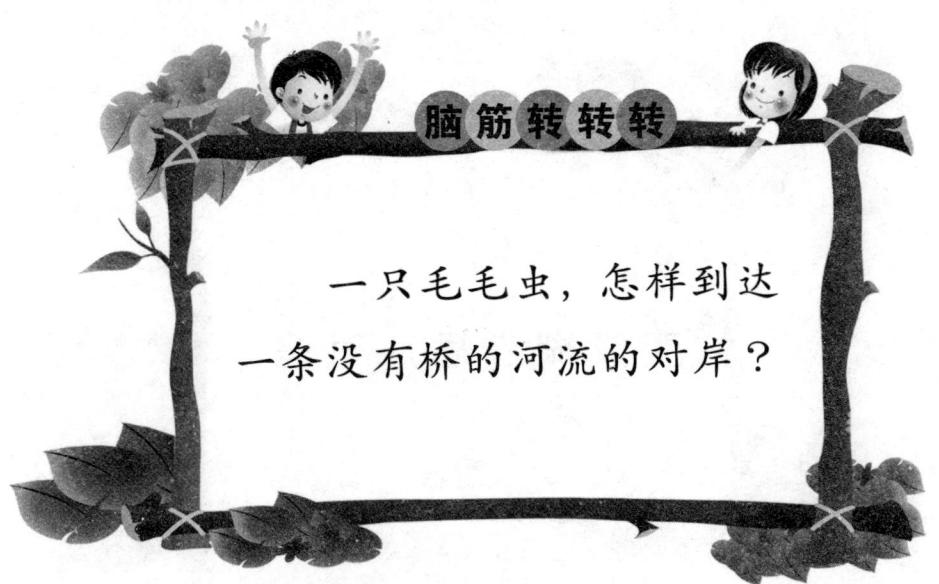

脑筋转转转

一只毛毛虫，怎样到达
一条没有桥的河流的对岸？

原来如此

变成蝴蝶后飞过去。

脑筋转转转

小英子可以金鸡独立长达半个小时，为什么却没有办法让双脚站在一张报纸上？

原来如此

报纸贴在墙上了。

脑筋转转转

小明的上衣破了一个洞，可是李丽却故意给上衣弄了更多的洞，这是怎么回事？

原来如此

她给小明补衣服，针一穿过不就留下了许多微小的洞吗？

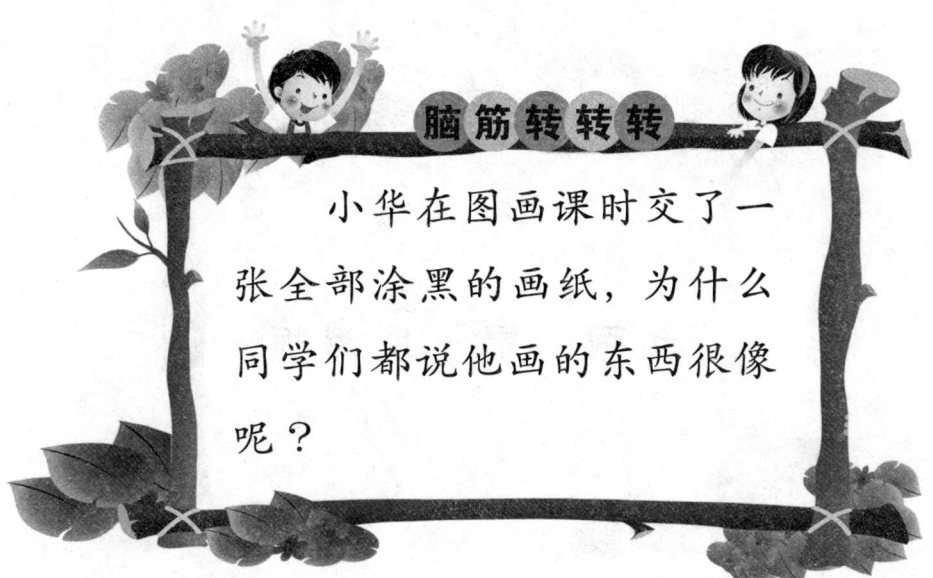

脑筋转转转

小华在图画课时交了一张全部涂黑的画纸，为什么同学们都说他画的东西很像呢？

原来如此

他画的是一块黑板。

脑筋转转转

一只母猪带着9只小猪过河，背上背5只，嘴里叼3只，过河一算，还是9只小猪，为什么？

原来如此

母猪不会算算术。

脑筋转转转

什么东西是一样宝，垃圾桶里也能找到？

空　气。

脑筋转转转

什么库比粮库、弹药库还大？

原 来 如 此

水 库。

脑筋转转转

怎样开车才不容易撞坏车头？

原来如此

倒着开。

脑筋转转转

什么东西上去看不见，下来就像线？

水。

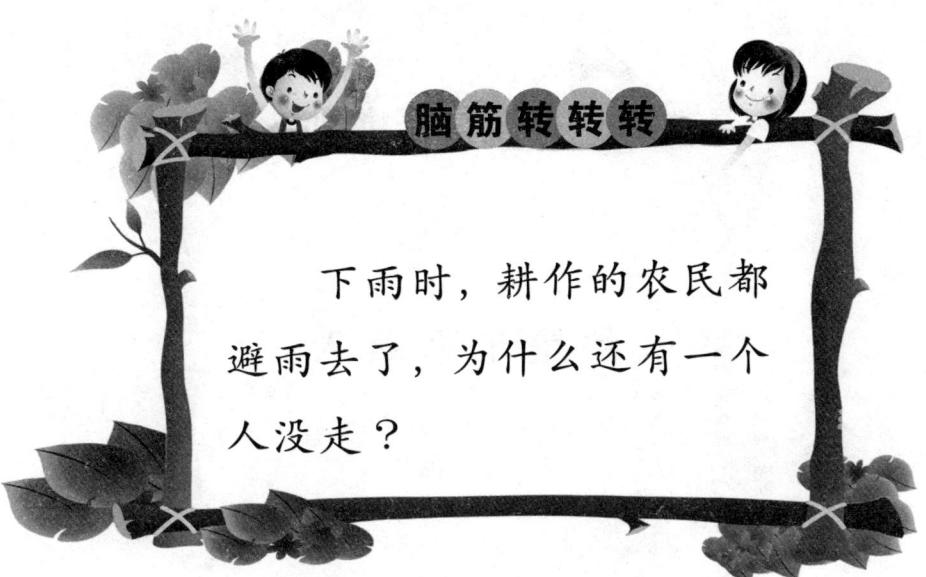

脑筋转转转

下雨时，耕作的农民都避雨去了，为什么还有一个人没走？

原来如此

那是个稻草人。

脑筋转转转

有什么病的人不用看医生和打针吃药？

坏毛病。

脑筋转转转

张三见到地上有张10元的纸币和一枚1元硬币，却只捡1元硬币，为什么？

原来如此

张三是个幼儿，
他捡硬币来玩。

从二十楼往下跳为何没有摔死？

原来如此

跳在窗外阳台上。

脑筋转转转

洞里有五只老鼠在开会，一只猫跑进去捉了一只，洞里还有几只？

原来如此

一只也没有。其他的全都吓跑了。

脑筋转转转

大夫子有一堆花生，小夫子也有一堆花生，这两堆花生合在一起，有几堆花生呢？

原来如此

一堆花生。

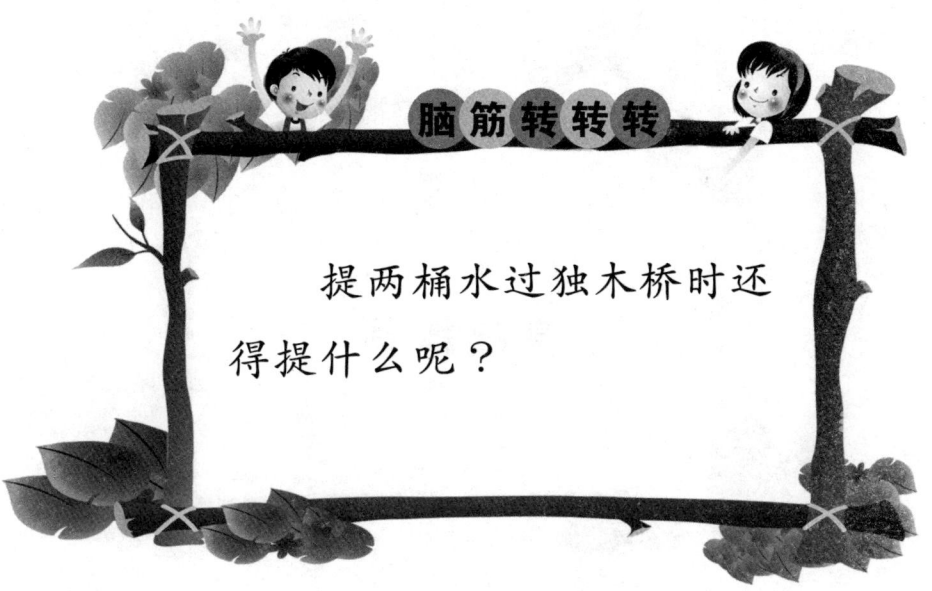

脑筋转转转

提两桶水过独木桥时还得提什么呢？

原来如此

提起精神。

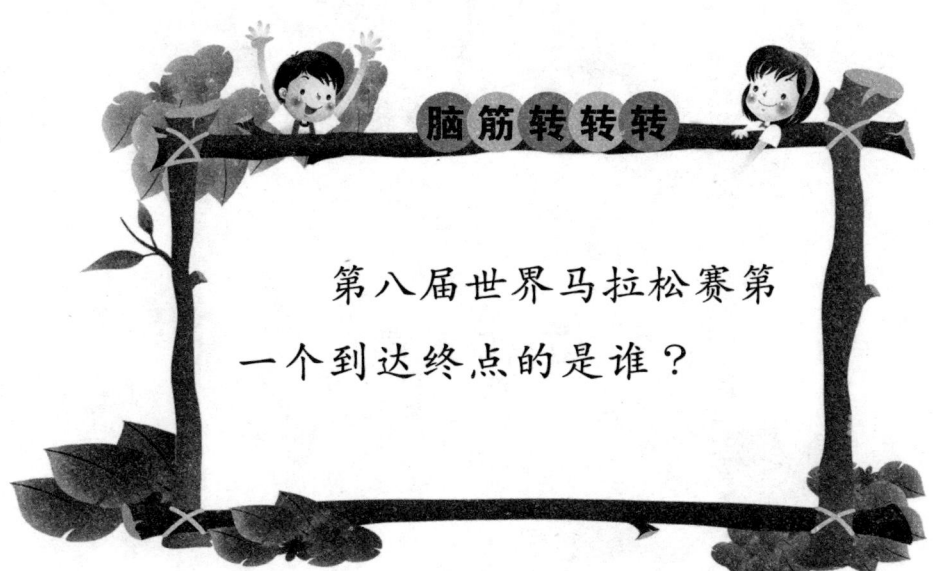

脑筋转转转

第八届世界马拉松赛第一个到达终点的是谁？

第一！！

工作人员。

脑筋转转转

有个人想通过练拳击来减肥，结果人反而变胖了，这是为什么？

原来如此

他的脸被打肿了。

脑筋转转转

什么人爱把鱼骨头吞进肚子里？

鱼骨头！！

原来如此

吃油炸小鱼的人。

脑筋转转转

什么东西人们看不见，
却知道它在往哪里飞？

原来如此

风。

脑筋转转转

红螃蟹好吃还是黑螃蟹好吃？

原来如此

红螃蟹是煮熟的，当然比黑螃蟹好吃。

脑筋转转转

手指与手指甲之间有什么东西？

细 菌。